아름다운 우리말 경전 ⑨
아 미 타 경

김현준 옮김
불교신행연구원 엮음

KB190140

✿ 효림

※ 구마라집 삼장께서 한문으로 번역한 아미타경을
김현준 원장이 한글로 번역하였습니다.

차 례

. . . .

불 설 아 미 타 경 · 9

'나무아미타불' 염불 · 57

부록 : 극락과 아미타불

1. 경전 속의 극락 / 59
2. 현세와 내생을 모두 극락으로 / 66

아미타경의 독송과 염불법

1. 아미타경을 독송하는 방법 / 71
2. '나무아미타불' 염불법 / 78

· 내가 확인하는 독경 횟수 / 91

아미타기도 발원문

나무서방극락교주아미타불(3번)

개경게開經偈

가장높고 심히깊은 부처님법문
백천만겁 지나간들 어찌만나리
저희이제 보고듣고 받아지녀서
부처님의 진실한뜻 깨치오리다

無上甚深微妙法	무상심심미묘법
百千萬劫難遭遇	백천만겁난조우
我今聞見得受持	아금문견득수지
願解如來眞實意	원해여래진실의

개법장진언開法藏眞言
옴 아라남 아라다(3번)

나무불설아미타경(3번)

佛說阿彌陀經

一. 法會衆證分 법회중증분

<ruby>如是我聞<rt>여시아문</rt></ruby>하노니

一時에 佛이 在舍衛國祇樹給孤獨園하사
(일시) (불) (재사위국기수급고독원)

與大比丘僧千二百五十人으로 俱러시니
(여대비구승천이백오십인) (구)

皆是大阿羅漢이니 衆所知識이라 長老
(개시대아라한) (중소지식) (장로)

舍利弗과 摩訶目犍連과 摩訶迦葉과 摩
(사리불) (마하목건련) (마하가섭) (마)

불설아미타경

一. 법회를 열다

이와 같이 나는 들었다.

어느 때 부처님께서는 사위국 기수^{舍衛國 祇樹} 급고독원^{給孤獨園}에서 천이백오십인의 비구들과 함께 계시었다.

그들은 모두가 널리 알려져 있는 대아라한^{大阿羅漢}으로, 장로 사리불·마하목

訶迦旃延과 摩訶俱絺羅와 離婆多와 周
利槃陀迦와 難陀와 阿難陀와 羅睺羅와
憍梵波提와 賓頭盧頗羅墮와 迦留陀夷와
摩訶劫賓那와 薄拘羅와 阿㝹樓馱 如
是等諸大弟子며

幷諸菩薩摩訶薩인 文殊師利法王子와
阿逸多菩薩과 乾陀訶提菩薩과 常精
進菩薩 與如是等諸大菩薩과 及釋提
桓因等 無量諸天大衆으로 俱러시니

건련 · 마하가섭 · 마하가전연 · 마하구치라 · 리바다 · 주리반타가 · 난타 · 아난타 · 라후라 · 교범바제 · 빈두로파라타 · 가류타이 · 마하겁빈나 · 박구라 · 아누루타 존자 등과 같은 큰 제자들이었다.

또한 보살마하살인 문수사리법왕자와 아일다보살〔미륵보살〕 · 건타하제보살〔香象菩薩〕 · 상정진보살 등의 대보살들과 석제환인〔제석천〕 등 수많은 천인들이 함께하였다.

二. 佛土依正分불토의정분

<ruby>爾時<rt>이 시</rt></ruby>에 <ruby>佛告<rt>불 고</rt></ruby> <ruby>長老舍利弗<rt>장로사리불</rt></ruby>하사대

<ruby>從是西方<rt>종 시 서 방</rt></ruby>으로 <ruby>過十萬億佛土<rt>과 십 만 억 불 토</rt></ruby>하여 <ruby>有世<rt>유 세</rt></ruby><ruby>界<rt>계</rt></ruby>하니 <ruby>名曰極樂<rt>명 왈 극 락</rt></ruby>이요 <ruby>其土<rt>기 토</rt></ruby>에 <ruby>有佛<rt>유 불</rt></ruby>하시니 <ruby>號阿彌陀<rt>호 아 미 타</rt></ruby>시라 <ruby>今現在說法<rt>금 현 재 설 법</rt></ruby>하시나니라

三. 寶樹池蓮分보수지연분

<ruby>舍利弗<rt>사 리 불</rt></ruby>아 <ruby>彼土<rt>피 토</rt></ruby>를 <ruby>何故<rt>하 고</rt></ruby>로 <ruby>名爲極樂<rt>명 위 극 락</rt></ruby>이어뇨

二. 극락과 아미타불

그때 부처님께서 장로 사리불에게 이르셨다.

여기에서 서쪽으로 십만억 국토를 지난 곳에 한 세계가 있으니 이름이 '극락'이요, 거기에 부처님이 계시니 호가 '아미타'이며, 지금도 법을 설하고 계시느니라.

三. 극락의 나무와 연못의 모습

사리불아, 저 세계를 왜 극락이라고

其國衆生이 無有衆苦하고 但受諸樂일세
故名極樂이니라

又舍利弗아 極樂國土에 七重欄楯과
七重羅網과 七重行樹가 皆是四寶로 周
帀圍繞할새 是故로 彼國을 名曰極樂이니라

又舍利弗아 極樂國土에 有七寶池하고

하는 줄 아느냐? 저 세계에 있는 중생들은 어떠한 괴로움도 없이 즐거움만을 누리므로 극락이라 하느니라.

또 사리불아, 극락세계는 일곱 겹으로 된 난간[七重欄楯]^{칠중난순}과 일곱 겹의 그물[七重羅網]^{칠중나망}과 일곱 겹의 가로수[七重行樹]^{칠중항수}가 있는데, 이들 모두가 네 가지 보배(유리 수정)^{금은}로 아름답게 장식되어 있으므로 저 세계를 극락이라 하느니라.

또 사리불아, 극락세계에는 칠보로

八功德水가 充滿其中하고 池底는 純以

金沙로 布地하며

四邊階道는 金銀琉璃玻璨로 合成하고

上有樓閣하되 亦以金 銀 琉璃 玻璨 碑

碟 赤珠 瑪瑙로 而嚴飾之하며

池中蓮華는 大如車輪하여 靑色靑光이며

黃色黃光이며 赤色赤光이며 白色白光이라

微妙香潔하나니

된 연못〔七寶池(칠보지)〕이 있고, 그 연못에는 여덟 가지 공덕을 갖춘 물〔八功德水(팔공덕수)〕이 가득하며, 연못의 바닥에는 순금으로 된 모래가 깔려 있느니라.

연못 둘레에는 금·은·유리·수정 등의 보배로 이루어진 네 개의 계단이 있고, 그 위에 금·은·유리·수정·자거·적진주·마노 등으로 찬란하게 꾸민 누각이 있느니라.

연못 가운데에는 큰 수레바퀴만 한 연꽃들이 피어 있는데, 푸른 꽃에서는 푸른 광채가 나고 노란 꽃에서는 노

사리불 극락국토 성취여시공덕장
舍利弗아 極樂國土는 成就如是功德莊

엄
嚴하니라

四. 天人供養分 천인공양분

우 사리불 피불국토 상 작 천 악
又舍利弗아 彼佛國土에 常作天樂하며

황 금 위 지 주야육시 우천만다
黃金爲地하고 晝夜六時로 雨天曼陀

라화 기토중생 상이청단 각이
羅華어든 其土衆生이 常以淸旦에 各以

의 극 성중묘화 공양타방 십만
衣裓으로 盛衆妙華하여 供養他方 十萬

억불 즉이식시 환도본국 반식
億佛하고 卽以食時에 還到本國하여 飯食

란 광채, 붉은 꽃에서는 붉은 광채, 흰 꽃에서는 흰 광채가 나되 이를 데 없이 향기롭고 맑기가 그지없느니라.

사리불아, 극락세계는 이와 같은 공덕장엄들로 이루어져 있느니라.

四. 천인들이 공양함

또 사리불아, 저 불국토에는 늘 천상의 음악이 울려 퍼지고, 대지는 황금으로 이루어졌으며, 하루에 여섯 차례 천상의 만다라 꽃비가 내리는데, 극락세계의 중생들은 이른 아침마

經_경行_행하나니

舍_사利_리弗_불아 極_극樂_락國_국土_토는 成_성就_취如_여是_시功_공德_덕莊_장嚴_엄하니라

五. 禽樹演法分금수연법분

復_부次_차舍_사利_리弗_불아 彼_피國_국에 常_상有_유種_종種_종奇_기妙_묘雜_잡色_색之_지鳥_조하되 白_백鶴_학孔_공雀_작 鸚_앵鵡_무舍_사利_리迦_가陵_릉頻_빈伽_가 共_공命_명之_지鳥_조라 是_시諸_제衆_중鳥_조는 晝_주夜_야

다 각자의 바구니에 온갖 묘한 꽃들
을 담아 타방세계(他方世界)에 계시는 십만억
부처님께 공양을 올리고, 본국으로
돌아와 식사를 마친 다음 즐거이 산
책을 하느니라.

사리불아, 극락세계는 이와 같은
공덕장엄들로 이루어져 있느니라.

五. 새가 나무에서 법문을 설하다

또한 사리불아, 극락세계에는 가지
가지 기이하고 묘한 빛깔을 가진 백
학 · 공작 · 앵무새 · 사리새 · 가릉빈

육시　　출화아음　　기음　연창오근
六時로 出和雅音하되 其音이 演暢五根과

오력　　칠보리분　　팔성도분 여시등
五力과 七菩提分과 八聖道分 如是等

법
法이어던

기토중생　　문시음이　　개시염불 염법
其土衆生이 聞是音已에 皆悉念佛 念法

염승
念僧하나니

사리불　여물위차조　　실시죄보소
舍利弗아 汝勿謂此鳥를 實是罪報所

생　　　　소이자하　피불국토　무삼
生이라하라 所以者何오 彼佛國土에 無三

악도
惡道니라

가 · 공명조 등이 하루에 여섯 차례 화

창하면서도 우아한 소리로 노래를 하

는데, 그 노래에서 오근^{五根} · 오력^{五力} · 칠

보리분^{菩提分} · 팔정도^{八正道} 등의 법문이 흘러나

오느니라.

극락세계 중생들은 그 노래 소리를

들으며 부처님을 생각하고[念佛] 법을

생각하고[念法] 불제자를 생각하느니

라[念僧].

사리불아, 그대는 이 새들이 죄업의

과보로 생겨난 것이라고 생각하지 말

라. 왜냐하면 저 불국토에는 삼악도^{三惡道}(지옥

사리불 기불국토 상무악도지명
舍利弗아 其佛國土에 尚無惡道之名이온

하황유실
何況有實가

시제중조 개시아미타불 욕령법음
是諸衆鳥는 皆是阿彌陀佛이 欲令法音을

선류 변화소작
宣流하사 變化所作이시니라

사리불 피불국토 미풍 취동
舍利弗아 彼佛國土에 微風이 吹動하면

제보항수 급보라망 출미묘음
諸寶行樹와 及寶羅網에 出微妙音하되

비여백천종악 동시구작 문시음
譬如百千種樂을 同時俱作이어던 聞是音

자 개자연생염불 염법 염승지심
者는 皆自然生念佛 念法 念僧之心하나니

^{아귀}
축생)가 없기 때문이니라.

사리불아, 그곳은 '악도'라는 말조
차 없는 세계이거늘 어찌 죄업의 과보
가 있겠느냐.

이 새들은 아미타불께서 법음을 펴
기 위해 화현으로 만든 것이니라.

사리불아, 저 불국토에서는 미세한
바람만 불어도 보석으로 장식된 가로
수와 그물에서 마치 백천 가지 악기
로 합주를 하는 것과 같은 아름다운
음악소리가 울려 나오나니, 그 소리
를 듣는 이들은 저절로 부처님을 생

舍利弗^{사리불}아 其佛國土^{기불국토}는 成就如是功德莊^{성취여시공덕장}

嚴^엄이니라

六. 佛德無量分불덕무량분

舍利弗^{사리불}아 於汝意云何^{어여의운하}오 彼佛^{피불}을 何故^{하고}로

號阿彌陀^{호아미타}시뇨

舍利弗^{사리불}아 彼佛光明^{피불광명}이 無量^{무량}하사 照十方^{조시방}

國^국하사대 無所障碍^{무소장애}일세 是故^{시고}로 號爲阿彌^{호위아미}

陀^타니라

26

각하고 법을 생각하고 불제자를 생각
하는 마음이 생겨나느니라.

사리불아, 저 불국토는 이와 같은
공덕장엄들로 이루어져 있느니라.

六. 아미타불의 무량한 공덕

사리불아, 어찌하여 저 부처님이
'아미타불'이라 불리게 되었다고 생각
하느냐?

사리불아, 저 부처님의 광명이 한량
이 없어서 시방의 모든 세계를 비추되
조그마한 장애도 없으므로 '아미타

又舍利弗아 彼佛壽命과 及其人民이 無
量無邊阿僧祇劫일세 故名阿彌陀시니

舍利弗아 阿彌陀佛이 成佛已來로 於今
十劫이시니다

又舍利弗아 彼佛이 有無量無邊聲聞弟
子하시니 皆阿羅漢이라 非是算數之所能
知며 諸菩薩도 亦復如是하나니

〔無量光〕'라고 부르게 되었느니라.

　또 사리불아, 저 부처님과 극락세계 중생들의 수명이 가없는 아승지겁이기 때문에 '아미타〔無量壽〕'라고 이름하게 된 것이니라.

　사리불아, 아미타불은 성불을 하신 지가 이미 십겁〔十劫〕이 되었느니라.

　또 사리불아, 저 부처님께는 한량없고 가이없는 성문〔聲聞〕 제자들이 있는데, 모두가 아라한으로 어떠한 셈법으로

舍利弗^사아 彼佛國土_{피불국토}는 成就如是功德_{성취여시공덕}

莊嚴_{장엄}하니라

七. 往生發願分왕생발원분

又舍利弗_{우사리불}아 極樂國土_{극락국토}에 衆生生者_{중생생자}는 皆_개

是阿鞞跋致_{시아비발치}라 其中_{기중}에 多有一生補處_{다유일생보처}하며

其數甚多_{기수심다}하며 非是算數_{비시산수}의 所能知之_{소능지지}요

但可以無量無邊阿僧祇_{단가이무량무변아승지}로 說_설이니라

도 다 셀 수가 없으며, 보살 대중의 무리 또한 이와 같이 많으니라.

사리불아, 극락세계는 이와 같은 공덕장엄들로 이루어져 있느니라.

七. 극락에 태어나기를 발원하라

또 사리불아, 극락세계의 중생들은 누구나 보리심이 결코 후퇴하지 않는 불퇴전(不退轉)의 자리에 올라 있으며, 한 생 뒤에 부처가 될 일생보처보살(一生補處菩薩)도 많이 있나니, 그 수를 어떠한 셈법으로도 다 셀 수 없기 때문에 '한량없고 가없

舍利弗^아 衆生聞者_는 應當發願_{하여} 願
사리불 중생문자 응당발원 원

生彼國_{이니} 所以者何_오 得與如是諸上
생피국 소이자하 득여여시제상

善人_{으로} 俱會一處_{일새니라}
선인 구회일처

八. 修持正行分 수지정행분

舍利弗_아 不可以少善根福德因緣_{으로}
사리불 불가이소선근복덕인연

得生彼國_{이니}
득생피국

舍利弗_아 若有善男子善女人_이 聞說阿
사리불 약유선남자선여인 문설아

는 아승지'라고 표현하느니라.

사리불아, 중생들은 마땅히 저 극락세계에 태어나기를 발원해야 하나니, 무슨 까닭인가? 그곳에 가면 가장 훌륭하고 착한 이들과 한데 모여 살 수 있기 때문이니라.

八. 극락에 태어날 이가 닦아야 할 행

사리불아, 조그마한 선근이나 복덕의 인연으로는 극락세계에 태어날 수 없느니라.

사리불아, 만약 선남자선여인이 아

彌陀佛하고 執持名號하되 若一日 若二

日 若三日 若四日 若五日 若六日 若七

日을 一心不亂하면 其人이 臨命終時에

阿彌陀佛이 與諸聖衆으로 現在其前하시니

是人終時에 心不顚倒하여 卽得往生 阿

彌陀佛 極樂國土하나니

舍利弗아 我見是利일세 故說此言하노니

若有衆生이 聞是說者는 應當發願하여

生彼國土하니라

미타불의 이름을 듣고 하루 이틀이나 사흘 나흘이나 닷새 엿새 이레 동안 산란함 없이 일심으로 아미타불의 이름을 외우면, 그 사람이 목숨을 마칠 때에 아미타불이 여러 성중(聖衆)들과 함께 그의 앞에 모습을 나타내시므로, 그 사람은 임종 시에 조그마한 흔들림 없이 곧바로 아미타불의 극락세계에 왕생하게 되느니라.

사리불아, 내가 이러한 이익을 분명히 보고 있기 때문에 이와 같은 말을 하는 것이니, 어떠한 중생이든 이 말

九. 同讚勸信分동찬권신분

舍_사利_리弗_불아 如_여我_아今_금者_자에 讚_찬歎_탄阿_아彌_미陀_타佛_불

不_불可_가思_사議_의功_공德_덕하여 東_동方_방에 亦_역有_유阿_아閦_촉鞞_비

佛_불과 須_수彌_미相_상佛_불과 大_대須_수彌_미佛_불과 須_수彌_미光_광佛_불과

妙_묘音_음佛_불과 如_여是_시等_등 恒_항河_하沙_사數_수諸_제佛_불하사

各_각於_어其_기國_국에 出_출廣_광長_장舌_설相_상하사 徧_변覆_부三_삼千_천

大_대千_천世_세界_계하사 說_설誠_성實_실言_언하시나니 汝_여等_등衆_중

生_생아 當_당信_신是_시稱_칭讚_찬不_불可_가思_사議_의功_공德_덕하는 一_일

切_체諸_제佛_불의 所_소護_호念_념經_경이니라

을 듣는 이는 마땅히 극락세계에 태
어나기를 발원할지니라.

九. 제불께서 아미타불의 공덕을 찬탄하다

　사리불아, 내가 지금 아미타불의
불가사의한 공덕과 이익을 찬탄한 것
처럼, 동방세계에 계시는 아촉비불·
수미상불·대수미불·수미광불·묘
음불 등 항하의 모래알 수만큼 많은
부처님들 또한 각기 그 국토에서 삼
천대천세계를 두루 덮는 크고 성실한
음성으로 설하시기를, "너희 중생들

舍利弗아 南方世界에 有 日月燈佛과 名
聞光佛과 大燄肩佛과 須彌燈佛과 無量
精進佛과 如是等恒河沙數諸佛이 各於
其國에 出廣長舌相하사 徧覆三千大千
世界하사 說誠實言하시나니 汝等衆生아
當信是稱讚不可思議功德하는 一切諸
佛의 所護念經이니라

38

아, 마땅히 불가사의한 공덕을 찬탄
하며 모든 부처님께서 호념(護念)하시는 이
경을 믿으라."고 하시느니라.

사리불아, 남방세계에 계시는 일월
등불·명문광불·대염견불·수미등
불·무량정진불 등 항하의 모래알 수
만큼 많은 부처님들 또한 각기 그 국
토에서 삼천대천세계를 두루 덮는 크
고 성실한 음성으로 설하시기를,
"너희 중생들아, 마땅히 불가사의한
공덕을 찬탄하며 모든 부처님께서

사리불아 서방세계에 유 무량수불과 무
舍利弗아 西方世界에 有 無量壽佛과 無

량상불 무량당불 대광불 대명불
量相佛과 無量幢佛과 大光佛과 大明佛과

보상불 정광불 여시등 항하사수
寶相佛과 淨光佛과 如是等 恒河沙數

제불하사 각어기국에 출광장설상하사 변
諸佛하사 各於其國에 出廣長舌相하사 徧

부삼천대천세계 설성실언하시나니 여
覆三千大千世界 說誠實言하시나니 汝

등중생아 당신시칭찬불가사의공덕하는
等衆生아 當信是稱讚不可思議功德하는

일체제불의 소호념경이니라
一切諸佛의 所護念經이니라

40

호념(護念)하시는 이 경을 믿으라."고 하시
느니라.

　사리불아, 서방세계에 계시는 무량
수불 · 무량상불 · 무량당불 · 대광
불 · 대명불 · 보상불 · 정광불 등 항하
의 모래알 수만큼 많은 부처님들 또
한 각기 그 국토에서 삼천대천세계를
두루 덮는 크고 성실한 음성으로 설
하시기를, "너희 중생들아, 마땅히 불
가사의한 공덕을 찬탄하며 모든 부처
님께서 호념(護念)하시는 이 경을 믿으라."

舍利弗아 北方世界에 有 燄肩佛과 最勝
音佛과 難沮佛과 日生佛과 網明佛과 如
是等恒河沙數諸佛하사 各於其國에 出
廣長舌相하사 徧覆三千大千世界하사
說誠實言하시나니 汝等衆生아 當信是稱
讚不可思議功德하는 一切諸佛의 所護
念經이니라

고 하시느니라.

  사리불아, 북방세계에 계시는 염견
불·최승음불·난저불·일생불·망
명불 등 항하의 모래알 수만큼 많은
부처님들 또한 각기 그 국토에서 삼
천대천세계를 두루 덮는 크고 성실한
음성으로 설하시기를, "너희 중생들
아, 마땅히 불가사의한 공덕을 찬탄
하며 모든 부처님께서 호념하시는 이
경을 믿으라."고 하시느니라.

舍利弗아 下方世界에 有 師子佛과 名聞

佛과 名光佛과 達摩佛과 法幢佛과 持法

佛과 如是等 恒河沙數諸佛하사 各於其

國에 出廣長舌相하사 徧覆三千大千世

界하사 說誠實言하시나니 汝等衆生아

當信是稱讚不可思議功德하는 一切諸

佛의 所護念經이니라

舍利弗아 上方世界에 有 梵音佛과 宿王

佛과 香上佛과 香光佛과 大燄肩佛과 雜

사리불아, 하방세계^{下方世界}에 계시는 사자불·명문불·명광불·달마불·법당불·지법불 등 항하의 모래알 수만큼 많은 부처님들 또한 각기 그 국토에서 삼천대천세계를 두루 덮는 크고 성실한 음성으로 설하시기를, "너희 중생들아, 마땅히 불가사의한 공덕을 찬탄하며 모든 부처님께서 호념^{護念}하시는 이 경을 믿으라."고 하시느니라.

사리불아, 상방세계^{上方世界}에 계시는 범음불·숙왕불·향상불·향광불·대염

色寶華嚴身佛과 娑羅樹王佛과 寶華德
佛과 見一切義佛과 如須彌山佛과 如是
等 恒河沙數諸佛하사 各於其國에 出廣
長舌相하사 徧覆三千大千世界하사 說
誠實言하시나니 汝等衆生아 當信是稱
讚不可思議功德하는 一切諸佛의 所護
念經이니라

十. 聞法信願分 문법신원분

舍利弗아 於汝意云何오 何故 名爲一

견불 · 잡색보화엄신불 · 사라수왕
불 · 보화덕불 · 견일체의불 · 여수미
산불 등 항하의 모래알 수만큼 많은
부처님들 또한 각기 그 국토에서 삼
천대천세계를 두루 덮는 크고 성실한
음성으로 설하시기를, "너희 중생들
아, 마땅히 불가사의한 공덕을 찬탄
하며 모든 부처님께서 호념(護念)하시는 이
경을 믿으라."고 하시느니라.

十. 법을 듣고 믿어라

사리불아, 그대는 모든 부처님께서

切諸佛의 所護念經고

舍利弗아 若有善男子善女人이 聞是經
하고 受持者와 及聞諸佛名者는 是諸善
男子善女人이 皆爲一切諸佛之所護念
하여 皆得不退轉於阿耨多羅三藐
三菩提하리니

是故로 舍利弗아 汝等이 皆當信受我語와
及諸佛所說이니라

舍利弗아 若有人이 已發願커나 今發願커나

이 경을 호념하시는 까닭이 무엇이라고 생각하느냐?

사리불아, 만약 이 경을 듣고 받아 지니거나 아미타불의 이름을 듣고 잊지 않는 선남자선여인은 모든 부처님의 호념하심을 받아 가장 높고 바른 깨달음(아뇩다라
삼먁삼보리)에서 물러나지 않기 때문이니라.

그러므로 사리불아, 너희는 마땅히 나의 말과 모든 부처님의 말씀을 잘 믿고 받아 지닐지어다.

사리불아, 어떤 사람이 아미타불의

當^당發^발願^원하여 欲^욕生^생阿^아彌^미陀^타佛^불國^국者^자는 是^시諸^제

人^인等^등이 皆^개得^득不^불退^퇴轉^전 於^어阿^아耨^녹多^다羅^라三^삼藐^막

三^삼菩^보提^리하여 於^어彼^피國^국土^토에 若^약已^이生^생커나 若^약今^금

生^생커나 若^약當^당生^생하나니

是^시故^고로 舍^사利^리弗^불아 諸^제善^선男^남子^자善^선女^여人^인이 若^약

有^유信^신者^자는 應^응當^당發^발願^원하여 生^생彼^피國^국土^토니라

十一. 互讚感發分호찬감발분

50

국토에 태어나기를 이미 발원하였거나 지금 발원하거나 장차 발원하게 되면, 그들 모두는 후퇴함이 없이 가장 높고 바른 깨달음을 향하여 나아가게 되며, 저 극락세계에 벌써 태어났거나 지금 태어나거나 장차 태어나게 되느니라.

그러므로 사리불아, 신심이 있는 선남자선여인 등은 마땅히 저 극락세계에 태어나기를 발원해야 하느니라.

十一. 제불들이 법을 듣고 찬탄하다

舍利弗아 如我今者에 稱讚諸佛不可思
議功德인듯하야 彼諸佛等도 亦稱讚我
不可思議功德하사 而作是言하사대

釋迦牟尼佛이 能爲甚難希有之事하사
能於娑婆國土 五濁惡世 劫濁 見濁
煩惱濁 衆生濁 命濁中에 得阿耨多羅
三藐三菩提하사 爲諸衆生하사 說是一
切世間難信之法이라하시나니라

사리불아, 내가 지금 여러 부처님의 불가사의한 공덕을 찬탄하는 것과 같이 저 모든 부처님들 또한 나의 불가사의한 공덕을 칭찬하시나니라.

"석가모니불께서 심히 어렵고 드문 일을 하시나니, 시대가 탁하고〔劫濁〕 견해가 탁하고〔見濁〕 번뇌가 탁하고〔煩惱濁〕 중생이 탁하고〔衆生濁〕 생명이 탁한〔命濁〕 五濁惡世 오탁악세의 사바세계에서 능히 가장 높고 바른 깨달음을 얻으신 다음, 모든 중생을 위하여 일체 세간이 믿기 어려운 이 법을 설한다."고.

舍利弗^{사리불}아 當知^{당지}하라 我於五濁惡世^{아어오탁악세}에 行^행

此難事^{차난사}하여 得阿耨多羅三藐三菩提^{득아뇩다라삼먁삼보리}하사

爲一切世間^{위일체세간}하여 說此難信之法^{설차난신지법}이 是爲^{시위}

甚難^{심난}이니라

十二. 流通普度分 유통보도분

佛說此經已^{불설차경이}이어늘 舍利弗^{사리불}과 及諸比丘^{급제비구}와

一切世間^{일체세간}의 天人阿修羅等^{천인아수라등}이 聞佛所^{문불소}

說^설하시고 歡喜信受^{환희신수}하고 作禮而去^{작례이거}하니라

사리불아, 마땅히 알아라. 여래가 오탁악세에서 어려운 일을 행하여 가장 높고 바른 깨달음을 얻어서, 일체 세간을 위해 믿기 어려운 법을 설하는 것은 결코 쉬운 일이 아니니라.

十二. 유통하여 중생을 제도하다

　부처님께서 이 경을 설하여 마치자 사리불과 여러 비구들, 일체 세간의 천인과 사람과 아수라 등이 부처님의 설법을 듣고는 믿고 받들고 환희하면서 예배를 하고 물러갔다.

'나무아미타불' 염불

....

나무 서방대교주 무량수여래불
나무아미타불 나무아미타불 나무아미타불…
(각자 형편에 맞게 횟수를 정하여 염송함)

아미타불 본심미묘진언
다냐타 옴 아리다라 사바하 (3번)

서방세계 안락국인 극락정토 계시면서
중생들을 맞이하여 인도하는 아미타불
제가이제 극락세계 태어나기 발원하니
자비로써 이중생을 섭수하여 주옵소서
제가이제 일심으로 귀명정례 하옵니다

稽首西方安樂刹　계수서방안락찰
接引衆生大導師　접인중생대도사
我今發願願往生　아금발원원왕생
唯願慈悲哀攝受　유원자비애섭수
故我一心 歸命頂禮　고아일심 귀명정례

어떤 이가 미타기도를 하면 좋은가

다음과 같은 원의 성취를 바랄 때 아미타경을 독송하고 아미타불 염불을 하면 좋습니다.

- 부모 및 친척 영가의 극락왕생을 기원할 때
- 내생에 자신이 극락정토에 태어나고자 할 때
- 아미타불의 무량한 빛이 충만하기를 원할 때
- 집안의 평온하고 복되고 안정된 삶을 원할 때
- 입시 등 각종 시험의 합격을 원할 때
- 구하는 바를 뜻대로 이루고자 할 때
- 각종 병환·재난·시비·구설수 등을 소멸시키고자 할 때
- 업장을 소멸시키고자 할 때
- 악몽·공포 등을 멀리 떠나고자 할 때
- 귀신의 장애를 물리치고자 할 때
- 풍부한 자비심을 갖추고 마침내 성불하기를 원할 때

극락과 아미타불

1. 경전 속의 극락

『아미타경』의 주요 내용을 정리하면 다음과 같습니다

· 극락은 어디에 있고 왜 극락이라 하였는가?

· 극락의 아름다운 모습은 어떠한가?

· 극락인의 삶은 어떠한가?

· 극락조의 노랫소리는 팔정도 등의 법문을 설한다

· 극락의 가로수와 그물에서 나는 소리는 불·법· 승 삼보를 생각하는 마음을 내게 한다

· '아미타'라는 명칭 속에 깃들어 있는 의미는?

· 아미타불 제자의 수효는?

· 극락의 중생은 모두가 불퇴전의 보살이다

· 극락세계에 왕생하기를 발원해야 하는 까닭은?

· 1일에서 7일 동안 일심으로 아미타불을 외우면
  그가 임종할 때 아미타불께서 성중들과 함께
  와서 극락으로 인도한다

· 시방 제불이 아미타경을 믿을 것을 설하고 계
  신다

· 극락에 태어나면 마침내 가장 높고 바른 깨달
  음을 성취하여 부처가 된다

· 이 경을 잘 믿고 받아 지니고 극락왕생을 발원
  하라

  는 것 등입니다.

  아미타불과 극락세계에 대해, 짧은 『아미

타경』에서는 앞에서 정리한 바와 같이 매우 함축성 있게 설하고 있지만, 내용이 긴『무량수경無量壽經』에서는 이들 내용을 보다 자상하게 열거하고 있습니다. 우리들의 신심을 북돋우기 위해『무량수경』의 내용을 몇 가지로 나누어 정리해보고자 합니다.

1) 아미타불은 어떠한 부처님인가?

· 그 수명은 한량이 없다〔壽命無量〕

· 무량광명으로 백천억 국토를 비춘다〔光明無量〕

· 시방의 모든 부처님이 아미타불의 이름과 공덕을 찬탄한다〔諸佛稱揚〕

2) 아미타불의 가피를 입게 되면

· 그 광명이 닿으면 몸과 마음이 부드럽고 깨끗

해진다〔觸光柔軟〕

· 항상 청정한 행을 닦아 마침내 성불하게 된다
〔常修梵行〕

· 평등한 삼매를 얻고 수없는 부처님을 만나게
된다〔住定具佛〕

· 불퇴전의 지위를 얻게 된다〔得不退轉〕

· 무생법인과 깊은 지혜를 얻는다〔聞名得忍〕

3) 극락은 어떤 세계인가?

· 지옥·아귀·축생 등 삼악도의 불행이 없다〔無
三惡趣〕

· 무수히 많은 성문들이 있다〔聲聞無數〕

· 그 국토가 한없이 밝고 깨끗하다〔國土淸淨〕

· 궁전·누각·냇물·화초·나무·온갖 물건이 모두

보배와 향으로 되어 있고 향기가 가득하여, 냄

새를 맡은 이들 모두가 거룩한 부처님의 행을
닦게 된다〔寶香合成〕

4) 누가 극락에 왕생하는가?

· 신심과 환희심으로 아미타불의 이름을 부르는
이는 반드시 왕생하게 된다〔念佛往生〕

· 염불을 하고 극락에 태어나기를 원하는 이는
임종 시에 아미타불이 대중들과 함께 가서 그
사람을 영접한다〔臨終現前〕

· 아미타불의 이름을 듣고 극락을 사랑하여 십선
등의 공덕을 닦는 이는 반드시 왕생한다〔植諸
德本〕

5) 극락에 왕생하는 이가 누리는 행복은?

· 수명이 한량이 없다〔眷屬長壽〕

· 32가지 좋은 상호를 갖춘다〔三十二相〕_{삼십이상}

· 시방세계 부처님들의 세계를 모두 볼 수가 있다〔見諸佛土〕_{견제불토}

· 다시는 나쁜 세상에 떨어질 염려가 없다〔不更惡趣〕_{불갱 악취}

· 모두가 훌륭한 몸을 가지고 있기에, 잘난 이와 못난 이가 따로 없다〔無有好醜〕_{무유호추}

· 모두가 육신통을 얻는다〔得六神通〕_{득육신통}

· 금생에서 물러남이 없는 정정취에 들어 가며, 마침내 성불하게 된다〔必至滅道〕_{정정취 / 필지멸도}

· 지혜와 변재가 무궁무진해진다〔智辯無窮〕_{지변무궁}

· 스스로가 일체의 지혜 법문을 설할 수 있게 된다〔說一切智〕_{설일체지}

· 몸에서는 황금빛 광채가 난다〔悉皆金色〕_{실개금색}

· 사용하는 물건은 모두가 아름답고 화려하다

소 수 엄 정
〔所須嚴淨〕

· 아름다운 옷이 저절로 입혀진다 〔衣服隨念〕
  의 복 수 념

· 즐거움만 누릴 뿐, 다시는 번뇌와 집착이 일어
  나지 않는다 〔受樂無染〕
  수 락 무 염

　이상에서 살펴본 바와 같이 아미타불은 한
없이 거룩한 분이요, 그 분이 계신 극락은 성
불이 절대적으로 보장되어 있는 나라, 지극한
행복과 즐거움만이 가득한 나라입니다. 바로
이러한 아미타불을 믿고 극락이라는 나라에
태어난다는 것! 이것을 일깨워주는 경전이
『아미타경』이요, 『무량수경』입니다.

2. 현세와 내생을 모두 극락으로

그런데 대부분의 사람들은 '아미타불'이라고 하면 죽은 다음의 내생來生을 떠올립니다. 죽은 다음 서방극락세계에 태어나기 위해 찾아야 하는 분이 아미타불이요, 그렇기 때문에 늙으막에나 '나무아미타불'을 염원하면 족하리라 생각합니다.

그러나 아미타불은 내세만을 위한 부처님이 아니요, 극락은 서방에만 존재하는 것이 아닙니다. 이는 '아미타불'이라는 명칭을 통해서도 능히 알 수 있습니다.

아미타불阿彌陀佛의 '아미타'를 범어로 표기하게 되면 아미타유스Amitayus · 아미타바

Amitabha의 두 가지로 쓰여집니다. 이중 아미타유스는 무량한 수명을 뜻하는 '무량수無量壽'로 번역되고, 아미타바는 무량한 빛을 뜻하는 '무량광無量光'으로 번역됩니다.

이 '무량수·무량광'은 아미타부처님께만 있는 것이 아닙니다. 나에게도 있습니다. '나' 속에 감추어져 있는 영원한 생명력이 무량수요, '나' 스스로가 능히 발현시킬 수 있는 밝고 맑은 작용이 무량광입니다.

실로 아미타불은 무량한 빛 그 자체의 부처님〔無量光佛〕이요, 무량한 수명 그 자체의 부처님〔無量壽佛〕입니다. 일찍이 나를 떠나지 않았던 그 빛, 영원히 우리와 함께 하는 불멸의 생명력을 간직한 분이 아미타부처님인 것입니다.

그러한 아미타부처님께서는 아주 오래 전에 지극한 원願을 발하였고, 지혜로운 수행 끝에 고통이 전혀 없는 행복한 세계를 만들게 됩니다. 그 세계가 무엇인가? 바로 고뇌하는 중생의 영원한 피안인 극락極樂입니다.

극락! 그곳에는 우리의 생각을 뛰어넘은 빛이 있고, 생명이 있고, 행복이 있고, 자유가 있고, 해탈이 있습니다. 아미타부처님의 끝없는 설법이 펼쳐지고 있는 그곳에 태어나는 자는 모두가 성불成佛을 보장받게 되어 있습니다. 극락은 그토록 좋은 곳입니다.

그럼 아미타불께서 이룩하신 그 극락은 죽은 이라야만 갈 수 있는 곳인가? 아닙니다.

미타정토신앙은 내생의 극락왕생만을 위한 믿음이 결코 아닙니다. 현세에서도 행복하게 살고, 내생에서도 지극한 행복[極樂]을 만 끽하며 살도록 하기 위한 가르침이 미타정토 신앙입니다.

아미타 염불 영험담을 살펴보면, 한평생을 아미타불의 자비광명 속에서 평온하고 행복하게 살다가, 수명이 다한 다음에 극락왕생하였다는 이야기가 너무나 많습니다. 또 현실적인 고난과 불행을 '아미타불' 염불을 통하여 극복하고, 행복과 성공, 소원성취를 하였다는 영험담도 매우 흔합니다.

꼭 마음에 담아 두십시오. 미타신앙은 현세와 내세의 행복을 함께 보장해주는 신앙입니다. 어찌 우리의 짧은 소견으로 마음대로 생각하여 아미타불의 무량한 가피를 팽개치고 살 것입니까?

현생과 내생 모두 극락 속의 삶을 영위하고자 한다면 깊이 아미타불을 믿고, 아미타불의 무량한 생명력과 무량한 빛을 '나'의 것으로 만들어야 합니다.

우리가 지금 이 자리에서 아미타불을 염하며 영원한 생명력을 찾고 다함 없는 빛으로 살아가면, 틀림없이 현세와 내생의 행복과 자유를 누릴 수 있습니다.

주저 없이 아미타경을 독송하고 '나무아미타불'을 염하십시오. 분명, 아미타불의 빛은 '나'의 빛이 되고, 지금 이 자리에서 극락을 '나'의 것으로 만들어 갈 수 있습니다. 꼭 믿어 지니고 받들어 행하시기를 두손 모아 축원드립니다.

나무서방극락교주아미타불.

아미타경의 독송과 염불법

1. 아미타경을 독송하는 방법

1) 경문을 읽기 전에

① 먼저 3배를 올리고 '아미타불이시여, 감사합니다. 감사합니다. 감사합니다.'를 세 번염한 다음, 아미타경을 펼쳐 들고 축원부터세 번 하여야 합니다.

· 대자대비하신 아미타불이시여, 세세생생 지은 죄업을 모두 참회합니다. (3번)

- 이제 아미타경을 읽는 공덕을 선망조상과 유주무주 영가의 천도, 그리고 일체중생의 행복을 위해 바칩니다. (3번)
- 또한 저희 가족 모두가 평화롭고 건강하며, 하는 일이 모두 순탄하여지이다. (3번)

이렇게 기본적인 축원을 하고, 꼭 성취되기를 바라는 일이 있으면 추가로 축원을 하십시오. 이 경우에는 각자의 원願에 맞게 적당한 문구를 만들어, 이 책 5p에 있는 기도 발원문란에 써놓고 축원을 하는 것이 좋습니다.

② 축원을 한 다음 7p의 순서대로 '나무서방극락교주아미타불'을 세 번 염한 다음, 「개경게」와 「개법장진언」 '옴 아라남 아라다'를

염송하며, 개법장진언 다음에는 '**나무불설아
미타경**'을 세 번 외웁니다.

  2) 경문을 읽을 때
  ① 먼저 한 가지 참고사항을 말씀드리겠습
니다.
  이 책 좌측에는 한문 원문을, 우측에는 한
글 번역문을 배치하여, 한문 독송 및 한글 독
송을 모두 할 수 있게 만들었습니다.
  그러나 한문이 능하지 않은 분 중에 한문
으로 읽기를 원하는 분은, 먼저 한글 번역본
을 꾸준히 읽다가, 한글과 원문을 대조하며
읽고, 내용이 완전히 익어지면 한문으로 읽으
면 좋습니다.
  그리고 독송 시에는 후대에 정한 고딕체의

소제목(예 : 一法會家證分, 一법회를 열다)과 괄
호 안의 주는 읽지 않고 원래의 경문만 읽으
면 됩니다.

② 아미타경을 읽을 때는 반드시 '나' 스스
로에게, 그리고 법계의 중생들에게 들려준다
는 자세로 정성껏 읽어야 합니다. 절대로 '그
냥 한 편을 읽기만 하면 된다'는 마음으로 형
식적으로 읽어서는 안 됩니다. 스스로 뜻을
새기고 이해를 하며 읽는 것이 무엇보다 중요
하다는 것을 꼭 명심하시기 바랍니다.

③ 그리고 마지막으로 아미타경을 다 읽었
으면 다음의 회향축원을 세 번 하여야 합니다.

"이 경을 읽은 공덕을 온 법계와 일체중생의 극락왕생과 발보리심과 해탈과 행복에 회향하옵니다. 아울러 저희의 지은 업장이 모두 소멸되고 사후에 모두 극락왕생하여 위없는 깨달음을 이루어지이다."(3번)

꼭 아미타경을 읽은 공덕을 회향하여 마음밭에 새로운 씨를 심으시기 바랍니다.

3) 독송의 기간 및 횟수

현실 속의 **고난 퇴치**나 소원의 성취를 목적으로 아미타경을 읽을 때는 **최소한 21일**은 독송하여야 하며, 원에 따라 백일기도, 천일기도를 행하도록 합니다.

옛 어른들 중에는 극락왕생 및 집안의 평

안과 명훈가피를 기원하며 평생을 독송한 이가 많았습니다. 그리고 사찰에서는 만일미타도량을 열어 30년 동안 계속 기도를 하였으며, 지금도 몇몇 사찰에서 만일미타도량을 개설하고 있습니다.

하루의 독송 횟수는 최소한 1독은 하여야 하고, 하루 여러 번 읽어도 좋으며, **총 3백 독에서 1천 독을 채울 것**을 권하고 싶습니다. 3백 독 내지 1천 독을 하게 되면 아미타불의 자비와 저절로 함께하게 되고, 그 자비 속에서 하루하루가 행복하고 좋은 날로 바뀌게 되기 때문입니다.

이에 이 책의 뒤에 1독 할 때마다 1칸씩 채워 1천 독 한 것을 표기할 수 있도록 1천 칸을 마련해 두었습니다.

　그러나 사람에 따라 형편과 능력이 다를 것이므로 스스로 독송 기간과 횟수를 잘 선택하여 기도하도록 하십시오. 만일 시간이 많지 않은 사람은 하루에 경의 반만을 읽어도 좋으니, 꾸준히 하여 스스로가 정한 횟수를 채우기 바랍니다. 단, 한번 정하였으면 아주 특별한 일이 일어나지 않는 이상 변경하지 않는 것이 좋습니다.

　아미타경을 여법하게 독송하시기를 축원 드립니다.

2. '나무아미타불' 염불법

아미타경을 통하여 아미타불의 대자비와 대위신력을 마음에 담은 불자는 곧바로 '나무아미타불'을 외우며 아미타불의 가피를 담는 염불을 함께 행하는 것이 매우 좋습니다.

'염불念佛'의 일반적인 뜻은 '입으로 부처님이나 보살님의 명호를 외우면서 마음으로 불보살님을 생각을 하는 것'입니다.

염불의 '염念'은 팔리어 '사티satti'를 옮긴 말로써, 그냥 단순하게 생각하는 것이 아니라 '집중한다'는 뜻을 지니고 있습니다. 곧 부처님을 향해 마음을 집중시켜 번뇌와 망상을 가

라앉히고, 모든 괴로움에서 벗어나 깨달음을
이루는 것이 염불입니다.

다시 말하면 '염불'은 늘 부처님을 생각하
는 것으로, 우리가 잊지 않고 부처님을 생각
하게 되면 스스로의 참마음이 열리면서 언제
나 향기가 감돌고 행복과 평화가 충만하게
되는 것입니다.

이 염불은 어떤 사람이든 가장 쉽게 접근
할 수 있고 가장 쉽게 행복을 이룰 수 있게 하
는 기도법으로, 염불의 종류에는 수십 가지가
있습니다.

하지만 염불을 하는 방법의 측면에서 구분
하면 크게 칭명염불稱名念佛 · 관상염불觀想念
佛 · 실상염불實相念佛의 세 종류로 나눌 수 있

습니다.

여기에서는 실천하기 쉬운 칭명염불과 관상염불에 대해서만 이야기하겠습니다.

1) '나무아미타불'의 명호를 입으로 외우는 칭명염불의 요령

염불법 중에서 가장 쉬운 칭명염불의 방법은 매우 간단합니다. 입으로 '나무아미타불'을 끊임없이 외우면 됩니다.

그럼 입으로 '나무아미타불'을 외울 때 어떤 요령으로 외워야 하는가?

이에 대해서는 정해진 방법이 따로 없습니다.

'나무아미타불'을 입으로 외우라 했다고 하여 반드시 입 밖으로 소리가 나와야 하는 것은 아닙니다. 때로는 크게 할 수도 있고, 때

로는 작게 할 수도 있으며, 때로는 혼자만의 속삭임처럼 '나무아미타불'을 외울 수도 있습니다. 마음이 답답하거나 다급한 일이 있다면 큰 소리로, 또는 절을 하면서 행할 수도 있습니다.

또한, "큰 소리로 염불을 하면 열 가지 공덕이 있다"는 말을 듣고 일부러 큰 소리로 염불을 하는 불자들도 있습니다. 그러나 공덕의 크고 작음은 마음을 얼마나 잘 모으고 염불하느냐에 달려 있는 것일 뿐, 소리의 크고 작음과는 별 관계가 없습니다.

그리고 때로는 소리를 크게 냄으로써 주위 사람들의 반감을 불러일으키는 경우도 있으므로, 처한 환경에 따라 소리의 강약을 조절하는 것이 좋습니다.

모름지기 '나무아미타불'을 외우는 염불 소리는 끊임없이 이어지도록 하는 것이 최상입니다. 남이 듣는 소리로써가 아니라, '나' 속에서 끊임없이 이어지면 됩니다.

가장 요긴한 방법은 **내가 입으로 외우는 '나무아미타불' 소리를 내 귀가 듣고 있어야 한다**는 것입니다. 내 염불 소리를 내 귀가 듣고 있으면 아무리 작은 소리로 외워도 상관이 없습니다.

이렇게 내가 외우는 소리를 내 귀로 들으면서 염불을 하면, 마음으로 부처님을 생각하는 것[念佛]이 되고, 부처님의 명호를 온몸으로 듣는 것이 됩니다. 곧 몸과 말과 마음을 함께 모아 염불을 할 수 있게 되는 것입니다. 이는 염불에 있어 참으로 중요한 점이니 꼭 기억하시기 바랍니다.

속으로 염불을 할 때도 마찬가지입니다. 내가 속으로 외우는 염불 소리를 내 귀가 듣도록 마음을 모아야 합니다.

또 한 가지, 매우 **다급한 일이 일어났을 때** 염불을 하는 분께 당부드리고 싶은 것이 있습니다. 그것은 그 일이 다급한 만큼 염불도 열심히 몰아붙이지 않으면 안 된다는 것입니다.

참으로 애가 타고 애간장이 녹아날 것 같은 이라면, 이것저것 생각할 겨를이 없습니다. 그야말로 배고픈 아이가 어머니를 찾듯이, 목마른 이가 물을 찾듯이, 중병을 앓는 이가 용한 의사를 찾듯이 간절한 마음으로 '나무아미타불'을 찾아야 합니다.

적당하고 형식적인 염불로는 안 됩니다. 지극하게 매달려야 합니다. 진한 땀이 흘러나오고 눈물이 쑥 빠지도록 열심히 염하게 되면 아무리 급한 일이라도 채 며칠이 지나지 않아 해결을 볼 수 있게 됩니다.

2) 아미타불을 생각하는 법

'아미타불을 생각하라' 함은 관상觀想을 하라는 것입니다.

'나무아미타불' 염불을 할 때 아미타불을 염念하라고 하면, 사람마다 제 나름대로 생각하게 됩니다. 그러나 '염念'을 보다 정확히 해석하면 눈으로 보는 것이 아니라, '마음으로 보는 관觀'을 하며 생각하라는 것입니다.

간단히 말해 입으로 끊임없이 아미타불을 외우면서 아미타불의 모습을 떠올려야 합니다. 하지만 부처님의 모습을 그냥 단순히 그려보는 것이 아니라, '나' 또는 가피를 입었으면 하는 대상이 아미타불의 광명을 듬뿍 받고 가피를 받는 등의 모습을 떠올려야 합니다.

한 예로서, 부모가 자녀의 성공을 바라며 아미타불 기도를 올린다고 합시다. 이때 부모는 입으로 끊임없이 아미타불을 부르면서, 아미타불의 몸에서 나오는 자비광명이 자녀를 비추고 있는 듯한 모습을 떠올려야 합니다.

그렇게 하면 아미타불의 밝은 가피가 자녀에게로 바로 향하게 되어, 자녀는 마음의 평온과 함께 학업 성취 등의 좋은 결실을 맺을 수 있게 되는 것입니다.

특히 가족끼리는 뇌파 작용이 어느 누구보다도 강하기 때문에, 이렇게 관상을 하며 염불을 하면 아미타불의 자비광명이 훨씬 빨리 전달됩니다.

실로 밝은 광명을 받게 되면 어둠의 장애가 사라지기 마련이요, 장애가 없으면 뜻대로 이룰 수 있음이 자명한 이치이지 않습니까!

'나'에게 장애가 있거나 이룰 일이 있을 때에도, '나'에게로 아미타불의 대자비광명이 쏟아져 내리는 모습을 관하면서 염불을 해보십시오. 참으로 아미타불의 무한자비와 불가사의한 힘을 느끼게 될 것입니다.

저는 기도법을 묻는 사람들에게 이 방법을 많이 일러줍니다. 몸이 아픈 사람, 자식 걱정

이 많은 사람, 사랑을 갈구하는 사람, 시험에 합격하기를 바라는 사람, 직장을 얻고자 하는 사람, 돈 때문에 고민하는 사람 등….

그런데 묘하게도 '이와 같은 방법으로 기도를 하였더니 소원대로 되었다'는 분들이 많았습니다.

왜 이렇게 기도를 하면 가피를 빨리 입게 되는 것일까?

바로 집중이 잘 되기 때문입니다. 아미타불의 자비광명이 가피를 입을 대상에게로 향하도록 하면서 입으로 '아미타불'의 명호를 끊임없이 부르면, '아미타불'과 아미타불을 부르는 '나'와 '가피를 입을 자 또는 일'이 하나를 이루게 됩니다. 곧 삼위일체가 되는 것입니다. 자연 단순히 명호만 외우는 염불보다 마음이 훨씬 더 잘 모여지게 됩니다.

　모름지기 기도를 할 때 집중이 잘 되면 마음이 고요해지고, 고요해지면 맑아지고, 맑아지면 밝아져서 마침내 지혜의 빛이 뿜어져 나오게 됩니다.

　이렇게 지혜의 빛이 뿜어져 나오는데, 그때가 되면 녹아내리지 않을 업장이 어디에 있고 이루지 못할 소원이 어디에 있겠습니까?

염불기도를 끝낼 때는 '감사합니다'

아미타경을 읽고 '나무아미타불'을 염한 다음 염불을 끝낼 때는 다시 축원을 해야 합니다. 곧 '아미타경 독송 발원문'에 써 놓은 것을 세 번 읽으면 됩니다.

그리고 마지막으로 '**감사합니다, 아미타불이시여. 저희의 소원을 이루어 주셔서 감사합니다**' 등의 속삭임이 한동안 이어지도록 하면 좋습니다. 왜냐하면 감사를 느낄 때 대우주의 성취 파장이 가장 빨리 다가오기 때문입니다.

이에 대해 누군가는 의문을 일으킬 것입니다.

"현재 이루어지지도 않았는데 왜 '이루어 주셔서 감사하다'라고 하지?"

그렇습니다. 너무나 당연한 의문입니다. 그러나 이 또한 기도의 한 방법입니다. 미래의 성취를 이미 이룬 과거형으로 바꿈으로써 틀림없는 성취를 이끌어 내는 것입니다.

이상의 기도를 잘 행하여 모든 불자들이 아미타불의 가피를 입고, 자비와 지혜와 평화와 대행복이 충만된 삶을 만끽할 수 있게 되기를 깊이깊이 축원드립니다.

나무 무량수 무량광 아미타불.

내가 확인하는 독경 횟수

※ 한 번 독경할 때마다 한 칸씩 확인하세요
(날짜를 써도 좋음).

1									10			
					20							
									50			
							100					
							150					
				200								

				500								
		550										
	600											
												650
											700	

							750				
					800						
			850								
	900										
950											
										1000	

거룩하신 무량수 무량광 아미타불이시여.

　30여 년 전인 1990년 경, 건강 악화로 중의학 공부를 위해 경주에서 운영하던 사업을 정리하고 유학길에 올랐는데, 미처 정리하지 못했던 금전적인 빚이 조금 있음을 10여 년 뒤에야 알게 되었습니다. 형편을 갖추어 그분들을 찾았으나 모두가 이미 고인이 되었기에, 천도재와 기도로 그 빚을 대신하였습니다.

　하오나 늘 미진함을 떨쳐버릴 수가 없어 애닯은 마음만을 간직하며 지내오다가, 문득 '법보시로써 다하지 못한 빚을 회향하리라.' 발원하였습니다.

　이제 아미타경 1만 5천 625권을 법보시하오니,
　　저의 마음을 아는 아미타부처님이시여.

　김설희 보살님과 부평새우 사장거사님, 경주한성 식육점 사장거사님, 박돈희 거사님을 꼭 접인하시어 극락왕생케 하여 주시옵고, 인연을 함께하는 모든 분들이 복과 지혜와 평화가 가득한 삶을 누리다가 필경에는 극락의 행복 가득하시기를 축원드리옵니다.

　나무아미타불.

불기 2565년 백중을 맞이하며
행복이 가득한 효소 김정　참회 발원 법공양을 올리옵니다.

아름다운 우리말 경전 ⑨

아 미 타 경

편역자 김현준
펴낸이 김연지
펴낸곳 효림출판사

초 판 1쇄 펴낸날 2021년 7월 15일
　　　　2쇄 펴낸날 2022년 7월 19일

등록번호 제 2-1305호
등록일 1992년 1월 13일
주 소 서울특별시 서초구 반포대로14길 30, 907호 (서초동, 센츄리I)
전 화 02-582-6612, 587-6612
팩 스 02-586-9078
이메일 hyorim@nate.com

값 2,000원

ⓒ 효림출판사 2021
ISBN 979-11-87508-62-5 (00220)

표지그림 : 일장스님